BEI GRIN MACHT SICH IHR WISSEN BEZAHLT

Bibliografische Information der Deutschen Nationalbibliothek:

Die Deutsche Bibliothek verzeichnet diese Publikation in der Deutschen National-
bibliografie; detaillierte bibliografische Daten sind im Internet über http://dnb.d-
nb.de/ abrufbar.

Impressum:

Copyright © 2012 GRIN Verlag, Open Publishing GmbH
Druck und Bindung: Books on Demand GmbH, Norderstedt Germany
ISBN: 9783668263963

Dieses Buch bei GRIN:

http://www.grin.com/de/e-book/336617/maria-montessori-anthropologie-und-
konzeption-der-kindheit

Danielle Ackermann

Maria Montessori. Anthropologie und Konzeption der Kindheit

GRIN Verlag

GRIN - Your knowledge has value

Der GRIN Verlag publiziert seit 1998 wissenschaftliche Arbeiten von Studenten, Hochschullehrern und anderen Akademikern als eBook und gedrucktes Buch. Die Verlagswebsite www.grin.com ist die ideale Plattform zur Veröffentlichung von Hausarbeiten, Abschlussarbeiten, wissenschaftlichen Aufsätzen, Dissertationen und Fachbüchern.

Besuchen Sie uns im Internet:

http://www.grin.com/

http://www.facebook.com/grincom

http://www.twitter.com/grin_com

Inhalt

1 Einleitung

Mit der Entwicklung der Reformpädagogik entfalteten sich entscheidende Ansätze und Theorien, die wesentlich zur Reformierung von Unterricht und Erziehung beitragen sollten. Die meisten Ansätze der Vertreter/innen der Reformpädagogik richteten sich in ihrem Denken dabei nach Rousseau (1712-1788) und Pestalozzi (1746-1827), von denen die ersten neuen Ansätze in Bezug auf Unterricht und Erziehung ausgingen. Vor allem letztgenannter prägte die Pädagogik mit dem modernen Gedanken der Erziehung als „Wachsen lassen" nachhaltig.

Wird die moderne Pädagogik betrachtet, so lässt sich auch Maria Montessori (1870-1952) in die Reihe der entscheidenden Personen auf diesem Gebiet einordnen. Für sie war es von großer Bedeutung, das Kind in den Vordergrund zu stellen und es als Ausgangspunkt aller Erziehung zu betrachten. Mit ihren Theorien trug sie einer Kinder orientierten Erziehung und einem ebenso ausgerichteten Unterricht in zahlreichen Ländern maßgeblich bei, weswegen ich mich in meiner Ausarbeitung näher mit ihrer Pädagogik auseinander setzen möchte. Dabei werde ich darauf verzichten, die Person Maria Montessori noch einmal näher zu beleuchten, da dies den Rahmen der Ausarbeitung sprengen würde. Statt dessen möchte ich vor allem auf die theoretischen Grundlagen (Anthropologie, Kosmische Theorie, Religiöse Dimension) Maria Montessoris eingehen und mich des Weiteren auf die Konzeption der Kindheit und damit zusammenhängend der Erziehung konzentrieren, von der die Pädagogin ausgeht. Daraufhin beschäftige ich mich mit der Rolle der Aufmerksamkeit, bevor ich in meinem Schlussteil einen Blick auf die Aktualität des Denkens von Maria Montessori werfen, um mich abschließend möglichen kritischen Aspekten zu widmen.

Dabei beabsichtigt diese Arbeit nicht, die gesamte Fülle des Gedankenguts der Pädagogin wiederzugeben, da es vielmehr darum gehen soll, den Fokus auf einen bestimmten Aspekt aus Maria Montessoris Werk zu legen und diesen vorzustellen.

2 Theoretische Grundlagen

„In allen Ländern wird daran gearbeitet, die Erziehung zu verbessern. Eine Reihe psychologischer Wissenschaften mit den verschiedensten Namen ist entstanden mit dem Zweck, das Kind zu studieren. Die meisten dieser Studien gehen von einer als normal erkannten, bestimmten Wesensart des Kindes aus, und alle Voraussetzungen und alle Folgerungen bleiben Theorie. Wo Erkenntnis zu einem Resultat geführt hat, da fehlte der Weg, diese Erkenntnis dem kindlichen Leben nutzbar zu machen. Doch in den meisten Fällen glaubt man auch heute noch trotz aller Forschung, daß der Erwachsene den Charakter eines Kindes formen kann, und daß es nicht nur die Aufgabe, sondern die Pflicht des Erziehers ist, diese Formung vorzunehmen. Dem Kind und seiner schöpferischen Kraft überläßt man den kleinsten Teil an dieser Bildungsarbeit."[1]

---

[1] Montessori, Maria: *Grundlagen meiner Pädagogik*, in: Hansen-Schaberg, Inge, Schonig, Bruno (Hg.): Basiswissen Pädagogik. Reformpädagogische Schulkonzepte, Bd. 4, Montessori-Pädagogik. Hohengehren 2002, S. 51. Im Folgenden zitiert als: Montessori.

Bereits zu Beginn ihrer Schrift „Grundlagen meiner Pädagogik" wird bei Maria Montessori klar, dass sie sich dem Kind als eigenständigen und vor allem entscheidungskräftigen Wesen widmen will, ohne sich dabei an der bereits bekannten und als „normal erkannten [...] Wesensart des Kindes"[2] auszurichten. Ihre Pädagogik ist etwas Neues, weil sie das Kind an sich verstehen und begreifen und aus den dadurch gewonnenen Erkenntnissen und dem Wissensstand ihre Prinzipien und Methoden ableiten will. Von entscheidender Wichtigkeit für die Pädagogik sowie auch für die Erziehungskonzeption der Maria Montessori sind die Einteilungen der Kindheit und der Jugend in die so genannten „sensiblen Perioden". Die Bezeichnung hierfür übernimmt Montessori von dem holländischen Biologen Hugo de Vries (1848-1935)[3]. De Vries hatte für die Entwicklung von Lebewesen bestimmte Phasen bestimmt, in denen diese besonders empfänglich für bestimmte Außenreize wären. Auch Maria Montessori war der Überzeugung, beim Menschen eben solche „sensiblen Phasen", in denen der Mensch besonders empfänglich für das Erlernen von Fähigkeiten und Fertigkeiten ist, erkannt zu haben.[4] Werden diese Phasen berücksichtigt und richtig nutzbar gemacht, kommt es zu einer Erleichterung zum Beispiel beim Lernen bestimmter Dinge. Die folgenden Ausführungen müssen im Hinblick auf diese „sensiblen Phasen" betrachtet werden, denn auch in den Grundgedanken der Pädagogin spielen sie eine entscheidende Rolle. Die theoretischen Grundlagen der Montessori-Pädagogik lassen sich nach Ingeborg Hedderich[5] grob in einen Anthropologischen Ansatz, die Kosmische Theorie und die Religiöse Dimension einteilen. Nach eben dieser Einteilung soll auch in dieser Ausarbeitung vorgegangen werden, da sie als strukturiert und sinnvoll erscheint.

2.1 Anthropologie

Die Anthropologie ist die Wissenschaft vom Menschen und seiner Entwicklungsgeschichte. In der damaligen Tradition steht sie in der Reihe der medizinischen Hilfswissenschaften.[6] Die Aussagen Montessoris, die sich auf die Anthropologie beziehen, lassen sich in drei Kategorien zusammenfassen: A. Der Mensch als Lebewesen, B. Der Mensch als auf die Gesellschaft ausgerichtete Person und C. Der Mensch als Gottesgeschöpf.[7]

---

[2] Montessori, S.51.
[3] Ludwig, Harald: *Montessori-Schulen und ihre Didaktik.* Hohengehren 2004, S. 13. Im Folgenden zitiert als: Ludwig.
[4] Ludwig, S. 14.
[5] Hedderich, Ingeborg: *Einführung in die Montessori-Pädagogik.* München 2005. Im Folgenden zitiert als: Hedderich.
[6] Hedderich, S. 24.
[7] Ebd.

A Der Mensch als Lebewesen

„Das Kind trägt nicht die verkleinerten Merkmale des Erwachsenen in sich, sondern in ihm wächst sein eigenes Leben, das seinen Sinn in sich selber hat. […] Das Reifen des Menschen im Kinde ist eine andere Art Schwangerschaft, die länger währt als die Schwangerschaft im Mutterleib, und das Kind allein ist der Bildner seiner Persönlichkeit."[8]

Wichtig bei dieser Kategorie ist die Personalität des Menschen, wobei Geist und Intelligenz im Mittelpunkt stehen.[9] Geist und Intelligenz unterscheiden den Menschen vom Tier. „Geist" steht bei Maria Montessori für „Aktivität und Freiheit"[10]. Mit der „Art Schwangerschaft", die bei der Reifung des Kindes eintrete, ist der „Erwerb artspezifischer Merkmale wie Sprache und Intelligenz"[11] gemeint, die das Stadium der Kindheit kennzeichnen. Den Kern des menschlichen Lebens bildet dabei die Intelligenz, die dem Menschen erlaubt, mit seiner Umgebung in Kontakt zu treten und sie erfahrbar macht. Intelligenz fungiert hierbei allerdings auch als Instrument des Geistes. In diesem Zusammenhang entdeckte Montessori eine „ontogenetische Besonderheit beim Kind"[12], die sich durch ein ganzheitliches Aufnehmen der Umwelt durch das Kind auszeichnet und von Montessori als der „absorbierende Geist"[13] bezeichnet wurde.

B Der Mensch als auf die Gemeinschaft ausgerichtete Person

In erster Linie stellt der Mensch an sich immer ein Individuum dar, dass sich durch eben seine Individualität von der Gemeinschaft durch „Vereinzelung"[14] unterscheidet. Individualität ist unter diesem Gesichtspunkt eine Basis für Personalität und prägt sich zweierlei aus. Erstens muss sich die Individualität erst entwickeln, da zu Beginn des Lebens alle Menschen gleich sind[15], zweitens muss die individuelle Aktivität auf das soziale Leben angewendet werden.[16] Für Maria Montessori ist eine volle Personalität dann erreicht, wenn „Personen sich mit anderen Personen in Harmonie zusammenschließen und gleichzeitig Individualität bewahren".[17]

C Der Mensch als Gottesgeschöpf

Diese Kategorie wird später innerhalb der religiösen Dimension erneut aufgegriffen und vertieft. Wichtig ist, dass Maria Montessori geprägt war von der religiösen Komponente und diese in ihre

---

[8] Montessori, S. 53.
[9] Hedderich, S. 24-25.
[10] Ludwig, S. 6.
[11] Hedderich, S. 25.
[12] Ebd.
[13] Ebd., S. 26.
[14] Ebd.
[15] Ludwig, S.10.
[16] Hedderich, S. 26.
[17] Ebd.

Pädagogik mit einbezog. Für sie ist der Mensch letztendlich ein Geschöpf Gottes, dass durch sein Tun und den Umgang mit seiner Intelligenz wesentlich zum Schöpfungsprozess beiträgt.[18] Der Mensch gehört zum kosmischen Schöpfungsplan Gottes und gestaltet ein Stück der Schöpfung selbst.[19]

2.2 Die Kosmische Theorie

Die Beiträge zur Kosmischen Theorie der Maria Montessori schließen sich an die Kategorie des Menschen als Gottesgeschöpf unmittelbar an. Montessori geht vom Kosmos als einer Schöpfungsordnung aus.[20] Der einheitliche Schöpfungsplan Gottes ist als solcher unvollendet und es obliegt dem Menschen, der als einziges Lebewesen über Geist und Intelligenz verfügt, diesen Plan zu vervollständigen, indem er auf seine Umwelt Einfluss nimmt. In diesem Kontext spielt das Universum als eine „dynamische Einheit mit vielfältigen Wechselbeziehungen"[21] eine tragende Rolle, denn die Weise, mit der Montessori alle lebenden Organismen betrachtet, ordnet sich in das allumfassende Universum ein. Der von Montessori geprägte Begriff der „Super-Natur"[22] bezieht sich auf alle „zivilisatorischen und kulturellen Leistungen des Menschen"[23] und setzt den Menschen in die Lage eines Kultur schaffenden aber auch kulturabhängigen Wesens. Die Super-Natur soll vom Menschen dementsprechend auch eingesetzt werden, um ein humaneres Leben zu erschaffen und sich für Gerechtigkeit und Liebe einzusetzen.[24] Hier lässt sich der tiefe Wunsch nach Frieden der Maria Montessori erkennen, der zweifellos auch in Verbindung mit dem Wissen um die sozialen und politischen Verhältnisse Italiens zu ihrer Lebenszeit entstanden ist. Für Montessori sind alle Dinge Teil des Universums und bilden zusammen eine Einheit. Doch nicht nur im sozialen, politischen und ökonomischen Bereich sollen die Menschen die Weiterentwicklung und Vervollkommnung der Super-Natur anstreben, vielmehr soll eine neue Art von Moral geschaffen werden. Diese Moral, die in sozialen und individuellen Bereichen geschaffen werden soll, ist nur durch die richtige Erziehung möglich.[25] Daraus entwächst bei Maria Montessori das Konzept der „kosmischen Erziehung", das den Kindern die geschilderte Weltansicht vermitteln soll. Das Konzept der kosmischen Erziehung teilte Montessori in verschiedene Phasen im Rahmen eines Lehrplans, der sich aus Aspekten der Naturwissenschaften, Humanwissenschaften sowie Gesellschaftswissenschaften zusammensetzt.

---

[18]Ludwig, S. 11.
[19]Ebd., S. 26.
[20]Hedderich, S. 31.
[21]Ebd.
[22]Ebd.
[23]Ebd.
[24]Hedderich, S. 31.
[25]Hedderich, S. 32.

Im folgenden Einschub werde ich auf die Konzeption der Erziehung und damit verbunden die der Kindheit noch einmal etwas näher eingehen, um die Verständlichkeit der weiteren Ausarbeitung zu gewährleisten.

Einschub: Konzeption der Kindheit und Erziehung

Allgemein sagt Montessori, dass jedes Kind eine eigene Persönlichkeit besitzt, die geschätzt sowie gefördert werden sollte und dass Eltern bzw. Lehrer stets die Gegenwart des Kindes betrachten und ernst nehmen müssen. Sie sollen die kindlichen Bedürfnisse berücksichtigen und nicht versuchen, das Kind nach eigenen Vorstellungen oder Wünschen zu formen. Wichtig ist außerdem, dass Vertrauen in die Fähigkeiten des Kindes gesetzt wird, sich nach dem eignen Bauplan zu entwickeln, denn ein Kind weiß, was es braucht und sollte aus eigener Initiative heraus frei handeln dürfen. Dabei hat jedes Kind seine eigene Lerngeschwindigkeit, wobei eigene Erfahrungen die Grundlage eines jeden Lernprozesses bilden.[26]

In seiner Entwicklung durchläuft jedes Kind bestimmte Phasen, nach denen sich laut Montessori nicht nur die Erziehung an sich, sondern ebenso die Schulformen richten sollten: „Anstatt die Schule in Vorschule, Primarschule, Sekundarschule, Hochschule usw. einzuteilen, müssen wir die Erziehung nach den Entwicklungsstufen des Individuums gliedern."[27]

Die erste Phase findet im Alter zwischen 0 bis 6 Jahren statt und wird als „konstruktiv" für die Entwicklung von Intelligenz angesehen"[28]. Vor allem die Gestaltung der Umgebung für das Kind und das Erfahrbarmachen von Ordnungsstrukturen sind hier von Bedeutung. So soll das Kind bereits in frühem Alter damit beginnen, selbstständig Dinge auszuprobieren und lernen, sich selbst zu helfen. Im Alter von 6 bis 12 Jahren setzt die zweite Phase der kosmischen Erziehung ein, in der das Kind eine völlige Veränderung durchläuft. Es verändert sich körperlich, es wird weniger reizbar und es geht vom Konkreten zum Abstrakten über. Vision und Imagination stehen hier im Vordergrund und bilden die Grundlage für die Abstraktionen. Die Kinder wollen Dinge wissen, die sie nicht greifen können, sie stellen Fragen wie „Was ist gut und was ist böse?"[29] und sie messen das Verhalten anderer Individuen an diesen Maßstäben. Es geht weiterhin um moralische Fragen, sodass in dieser zweiten Phase die Grundlage für die moralische Orientierung des Erwachsenen gelegt wird. Während die Individualität des Kindes an dieser Stelle noch überwiegt, rückt das Sozialinteresse in der nächsten Phase in den Mittelpunkt, denn die letzte Phase, im Alter von 12 bis

---

[26]Montessori, Maria: *Texte und Gegenwartsdiskussion*. Bad Heilbrunn/Obb 1996. Im Folgenden zitiert als: Texte und Gegenwartsdiskussion.
[27]Texte und Gegenwartsdiskussion, S. 22.
[28]Hedderich, S.32.
[29]Texte und Gegenwartsdiskussion, S. 24.

18 Jahren, ist verstärkt auf das Einnehmen des Platzes in der Gesellschaft ausgerichtet. Im Mittelpunkt dieser Phase stehen soziale Fertigkeiten und Fähigkeiten, wie beispielsweise soziale Verantwortung und das Einnehmen einer Rolle bzw. Position in der Gesellschaft.[30] Das Individuum entwickelt Empathiefähigkeit und empfindet auch soziale Gefühle „für unbekannte Personen, für die Nation oder für die Welt als Ganzes"[31]. Es fühlt sich von der Gesellschaft anerkannt und weiß am Ende dieser Phase, wie es Entscheidungen treffen sollte. Der Mensch kennt seine Möglichkeiten und ist zur gleichen Zeit verantwortungsbewusst.

2.3 Religiöse Dimension

Als katholische Christin ist Montessori der Auffassung, dass eine religiöse Erziehung für jeden Menschen erforderlich ist. Aber entscheidend für die Pädagogin ist, die gottgegebene Natur des Kindes so anzuerkennen, wie sie von Gott geschaffen worden ist. Die religiöse Dimension ist eng verknüpft mit der kosmischen Theorie Montessoris und den Phasen innerhalb der kosmischen Erziehung, die ich soeben erläutert habe. Sie geht von einer zeitgleichen religiösen Erziehung aus, die ebenfalls in den sensiblen Phasen verankert ist. In der ersten Phase, die sich in zwei Unterphasen gliedert, soll die „religiöse Grundhaltung" im Kind gefördert und es zum Glauben ermutigt werden[32] (0-3 Jahre). Vom dritten bis zum sechsten Lebensjahr soll das Kind die Welt im konkreten Tun erschließen.[33] In der zweiten Phase geht es im Wesentlichen um die Gewissensbildung und damit die Unterscheidung zwischen Gut und Böse.[34] Während es in der letzten Phase um die Entwicklung eines verstärkten Bewusstseins gegenüber der Einhaltung von Normen und Werten geht. Diese Phase ist eine Phase der Reifezeit.[35] Allerdings soll eine religiöse Erziehung für Montessori nicht mit einer Art Zwang verbunden sein, sondern individuell ausgelebt werden und Freude bereiten. Das Kind soll ein tiefes Bedürfnis zum Beten entwickeln.[36] Auch soll die religiöse Erziehung nicht separat als ein „besonderer Bereich"[37] im Leben des Menschen behandelt werden, sondern vielmehr in die gesamte Erziehung integriert werden. Die Eigeninitiative des Kindes bildet auch bei der religiösen Erziehung den Kernpunkt. Die Erzieherin hat hierbei lediglich die Aufgabe, das Kind unter Kenntnis der „religiös-sensiblen"[38] Phasen zu beobachten und ihm nur dann Hilfe zu geben, wenn es sie augenscheinlich auch braucht.

---

[30] Hedderich, S. 32.
[31] Texte und Gegenwartsdiskussion, S. 25.
[32] Ludwig, S.162.
[33] Hedderich, S. 34.
[34] Ludwig, S.162.
[35] Ebd.
[36] Ludwig, S.165.
[37] Hedderich, S. 33.
[38] Ebd.

3. Die Rolle der Aufmerksamkeit

„Die innere Konzentration ist ein Phänomen, das man bei allen unseren Kindern erlebt, das von größter Wichtigkeit für das innere Wachstum ist und das bis jetzt noch niemals als notwendiger Faktor in die Pädagogik einbezogen wurde."[39]

Das Phänomen der Polarisierung der Aufmerksamkeit ist ein pädagogisches „Urerlebnis" der Maria Montessori. Die Erkenntnis, dass Kinder in Eigeninitiative und mit den geeigneten Materialien konzentriert, intensiv und trotz Störungen arbeiten können, hatte sie bei einem Mädchen in ihrem ersten Kinderhaus im Stadtviertel San Lorenzo in Rom beobachtet.[40]

„[...] Die Polarisierung äußert sich in der Bindung der Aufmerksamkeit an einen bestimmten Gegenstand. Die Sammlung der Aufmerksamkeit ist die Konzentration auf eine äußere Sache bei gleichzeitiger Loslösung von der Umgebung."[41]

Als Voraussetzung für das Phänomen der Polarisierung der Aufmerksamkeit lassen sich drei wesentliche Bedingungen benennen. Erstens, müssen die sensiblen Perioden beachtet und eingehalten werden.[42] Zweitens, muss eine altersgerechte und anregende Umgebung für das Kind gestaltet werden.[43] In dieser Umgebung müssen unterschiedliche Gegenstände zur Beschäftigung des Kindes bereitgestellt werden und Raum für Anregungen und Motivationen gegeben werden. Auch muss eine gewisse Ordnungsstruktur vorherrschen, damit sich das Kind gut zurecht findet und nicht „überladen" wird von der Vielzahl verschiedener Materialien. Der Erzieher ist dabei auch ein Teil der Umgebung. Er sollte „indirekte Impulse"[44] für das Kind geben und maßgeblich an der Gestaltung und Einrichtung der Umgebung beteiligt sein. An dritter Stelle steht die persönliche Freiheit des Kindes selbst zu entscheiden, auf welche Materialien es seine Aufmerksamkeit legt und vor allem wo es die Tätigkeiten ausführt.[45] Dabei ist es wichtig, nicht von einem Alleinlassen des Kindes auszugehen, sondern vielmehr die Betrachtung auf die Selbstbestimmung zu legen. Das Kind bestimmt dementsprechend den Zeitpunkt und den Umfang seiner eigenen Arbeit.

Die Polarisierung der Aufmerksamkeit ist als ein geschlossener Arbeitsprozess anzusehen, dessen Verlauf sich in zwei/bzw. drei Teile gliedern lässt.[46][47] Der erste Teil besteht aus der bloßen

---

[39]Montessori, S. 60.
[40]Missmahl-Maurer, Susann: *Maria Montessori. Neuere Untersuchungen zur Aktualität und Modernität ihres pädagogischen Denkens.* Frankfurt am Main 1994, S. 211. Im Folgenden zitiert als: Missmahl-Maurer.
[41]Montessori, Maria: *Dem Leben helfen: das Kind in der Familie und andere Vorträge.* Freiburg im Breisgau 1992, S. 65
[42] Missmahl-Maurer, S. 213.
[43] Missmahl-Maurer, S. 213.
[44] Ebd.
[45]Ebd.
[46]Ebd., S. 214.
[47] Hedderich, S. 43.

Verarbeitung, in der das Kind sich zu einer bestimmten Arbeit entschließt und sich innerlich auf die Arbeit vorbereitet. Diese Phase wird auch die „vorbereitende Stufe" genannt.[48] Der zweite Teil stellt dann das eigentliche Arbeiten dar und wird als Phase der „großen Arbeit"[49] bezeichnet. Das Kind beginnt intensiv und konzentriert über einen unbestimmten Zeitpunkt zu arbeiten. Als eine Art dritte Phase sieht Montessori den eintretenden Effekt nach vollendeter Arbeit, der Zufriedenheit und Ausgeglichenheit beinhaltet. Diese Phase ist eine Phase des Abschlusses und des Ausruhens und spielt sich nur im inneren des Kindes ab.[50]

Ausgehend von der Tatsache der Polarisierung der Aufmerksamkeit schuf Montessori verschiedene Arbeitsmaterialien.

„Wir bieten dem Kind mit dem Material geordnete Reize an und lehren also nicht direkt, wie man es sonst mit kleinen Kindern zu tun pflegt, sondern vielmehr durch eine Ordnung, die im Material liegt und die das Kind sich selbstständig erarbeiten kann. Wir müssen alles in der Umgebung, also auch alle Gegenstände so weit für das Kind vorbereiten, daß es jede Tätigkeit selbst ausführen kann. […] Unser Material soll kein Ersatz für die Welt sein, […] sondern soll Helfer und Führer sein für die innere Arbeit des Kindes."[51]

Dieses didaktische Material ist Teil der Umgebung, in der sich das Kind frei bewegt. Dieses Material wird von Maria Montessori in fünf Gruppen unterteilt, wobei im Kinderhaus und allgemein in den Einrichtungen, in denen die Kinder noch jünger sind, die Sinnesmaterialien Einsatz finden und im Zentrum stehen. Sinnesmaterialen sind Materialien bei denen verschiedene Sinne isoliert angesprochen werden. Es wurde von Montessori vorrangig für Kinder im Alter von 3 bis 6 Jahren entwickelt. Die verschiedenen Sinne, die angesprochen werden sollen, sind der Sehsinn, Gehörsinn, Geruchssinn und der Empfindungssinn. In der Grundschule geht es eher um Materialien für Sprache, Mathematik und die der Kosmischen Erziehung. Dazu kommen in jedem Falle die Übungen, die im täglichen Leben stattfinden.[52]

---

[48]Ebd.
[49]Ebd.
[50]Ebd.
[51] Montessori, S. 59.
[52]Hedderich, S. 43.50.

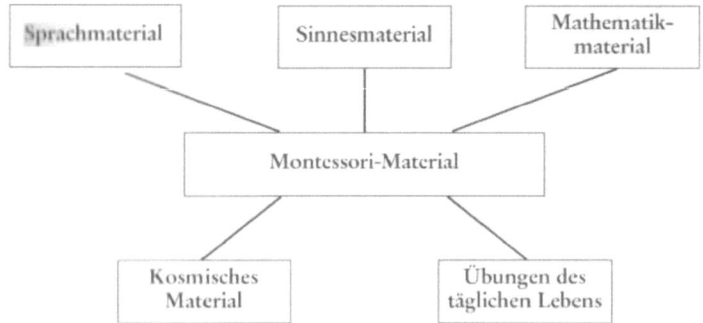

Überblick über die verschiedenen Materialbereiche

Abbildung aus: Hedderich, S. 43

Die Grundgedanken der Maria Montessori sind also in kurzer Zusammenfassung: Maria Montessori geht von einem inneren Bauplan im Kind aus. Das Kind selbst ist sein eigener „Baumeister" und entscheidet in Eigeninitiative. Das Ziel der Erziehung ist, das Kind zu einer eigenständigen Persönlichkeit zu verhelfen. Dieses Ziel wird durch eine vom Erzieher vorbereitete Umgebung und das entsprechende Material in den verschiedenen Phasen erreicht.

4 Schlusswort

„Die Montessori-Pädagogik ist pädagogische Theorie, ist Erziehungskonzeption und Praxismethode. Allerdings bedarf es keiner dogmatischen Festschreibung ihrer Gedanken, sondern einer Öffnung und Weiterentwicklung."[53]

Der zentrale Punkt in der Konzeption Maria Montessoris sowie in der Reformpädagogik überhaupt ist das Zentralisieren auf die Personalität des Menschen und speziell des Kindes. Das Kind wird in den Mittelpunkt der Betrachtung gestellt. Allerdings darf eine „zeitgemäße Aktualisierung"[54] der Pädagogik Maria Montessoris nicht aus den Augen verloren werden. Auch Montessori selbst war sich bewusst, dass eine Weiterentwicklung ihrer Konzepte notwendig ist. Anhand empirischer

---

[53]Hedderich, S. 134.
[54]Klein-Landeck, Michael: *Aktuelle Aufgabenfelder der Montessori-Pädagogik*, in: Hansen Schaberg, Inge, Schonig, Bruno (Hg.): Basiswissen Pädagogik. Reformpädagogische Schulkonzepte, Bd. 4, Montessori- Pädagogik. Hohengehren 2002, S. 151.

Studien von Fischer[55] beispielsweise lässt sich zeigen, dass Kinder, die eine Montessori-Einrichtung besuchten, über wesentlich mehr Sozialkompetenz verfügen und die Beobachtungen Montessoris zu dem Phänomen der Polarisierung der Aufmerksamkeit haben bis heute Gültigkeit. Nach Hedderich ist allerdings von größter Wichtigkeit, „das Kind des 21. Jahrhunderts in den Mittelpunkt der Betrachtung zu rücken und zu verstehen"[56]. Bis heute ist die Montessori-Pädagogik in vielen Ländern lebendig. In Deutschland gibt es eine Vielzahl von Montessori-Vereinen, die den Erfahrungsaustausch über aktuelle pädagogische Probleme fördern und die Gründungen von Kinderhäusern, Schulen oder heilpädagogischen Einrichtungen anregen.[57] Alle Vereine sind zusammengefasst in der „Aktionsgemeinschaft Deutscher Montessori-Vereine". Auf der Bundesebene sind zwei weitere Gesellschaften von Bedeutung, die „Deutsche Montessori Gesellschaft" (gegründet 1925) und die „Montessori-Vereinigung – Sitz Aachen".

Die Montessori- Einrichtungen in Deutschland sind vorwiegend auf jüngere Kinder ausgerichtet. Deshalb besteht ein wesentlicher Anspruch der neueren Montessori-Pädagogik darin, die pädagogische Arbeit auch auf ältere Kinder, auf die Ebene der Sekundarstufe II auszuweiten.[58] Der zweite Schwerpunkt ist die Gründung von heilpädagogischen Einrichtungen, die sich in Sonderschulen und Sonderkindergärten sowie in speziellen therapeutischen Angeboten realisieren lassen können.[59]

Ein kritischer Aspekt, der sich an dieser Stelle anfügen lässt, ist die Tatsache, dass Maria Montessori das Bild eines „normalen" Kindes beschreibt, bei dem sie Abweichungen als „Störungen" oder „krank" bezeichnet. Dieses Bild vermittelt aus meiner Sicht ein zu konfliktfreies Bild, das sich in der Realität nicht finden lässt. Daran anschließend hatte ich außerdem das Gefühl, dass das Kind mit der vorbereiteten Umgebung in gewisser Weise beschränkt und die „Welt der Erwachsenen" von ihm ferngehalten wird. Doch ich denke, dass auch negative Erfahrung zu der Entwicklung eines Kindes dazugehören und sie deshalb durchaus - zumindest bis zu einem angemessenem Grad - mit diesen konfrontiert werden sollten.

Abschließend lässt sich dennoch sagen, dass Maria Montessori mit ihren zahlreichen Werken das Bewusstsein für das Kind sowie seine individuellen Ansprüche erweiterte und eine neue Perspektive auf die Erziehung des Kindes dargeboten hat. Festzuhalten sei deshalb, dass die Ideen der Maria Montessori einen entscheidenden Beitrag in der Geschichte der Erziehung sowie der Pädagogik des

---

[55]Fischer, R. : *Lernen im non-direktiven Unterricht. Eine Felduntersuchung am Beispiel der Montessori- Pädagogik.* Frankfurt am Main 1982.
[56]Hedderich, S. 131.
[57]Hebenstreit, Sigurd: *Maria Montessori. Eine Einführung in ihr Leben und Werk.* Freiburg im Breisgau 1999, S. 214. Im Folgenden zitiert als: Hebenstreit.
[58]Hebenstreit, S. 216.
[59]Ebd.

20. und 21. Jahrhunderts leisten und der Montessori-Pädagogik in ihrer Form wohl noch eine lange Tradition in den verschiedensten Ländern bevorsteht.

5 Quellenangabe

Primärliteratur:

MONTESSORI, Maria: *Dem Leben helfen: das Kind in der Familie und andere Vorträge*. Freiburg im Breisgau 1992.

MONTESSORI, Maria: *Grundlagen meiner Pädagogik*, in: Hansen-Schaberg, Inge, Schonig, Bruno (Hg.): Basiswissen Pädagogik. Reformpädagogische Schulkonzepte, Bd. 4, Montessori-Pädagogik, Baltmannsweiler 2002.

MONTESSORI, Maria: *Texte und Gegenwartsdiskussion*. Bad Heilbrunn/Obb 1996.

Sekundärliteratur:

FISCHER, R.: *Lernen im non-direktiven Unterricht. Eine Felduntersuchung am Beispiel der Montessori-Pädagogik*. Frankfurt am Main 1982.

HEBENSTREIT, Sigurd: *Maria Montessori. Eine Einführung in ihr Leben und Werk*. Freiburg im Breisgau 1999.

HEDDERICH, Ingeborg: *Einführung in die Montessori-Pädagogik*. München 2005.

KLEIN LANDECK, Michael: *Aktuelle Aufgabenfelder der Montessori- Pädagogik*, in: Hansen-Schaberg, Inge, Schonig, Bruno (Hg.): Basiswissen Pädagogik. Reformpädagogische Schulkonzepte, Bd. 4, Montessori-Pädagogik. Hohengehren 2002.

LUDWIG, Harald: *Montessori-Schulen und ihre Didaktik*. Stuttgart 2004.

MISSMAHL-MAURER, Susann: *Maria Montessori. Neuere Untersuchungen zur Aktualität und Modernität ihres pädagogischen Denkens*. Frankfurt am Main 1994.